AF198326

Götz Lang

FRAUEN HABEN KEINE AHNUNG

Die verschlossene Welt der Männer

Copyright: © 2018: Götz Lang
Umschlag & Satz:: Erik Kinting
www.buchlektorat.net

Verlag und Druck:
tredition GmbH
Halenreie 40-44
22359 Hamburg

978-3-7469-6014-2 (Paperback)
978-3-7469-6015-9 (Hardcover)
978-3-7469-6016-6 (e-Book)

Das Werk, einschließlich seiner Teile, ist urheberrechtlich geschützt. Jede Verwertung ist ohne Zustimmung des Verlages und des Autors unzulässig. Dies gilt insbesondere für die elektronische oder sonstige Vervielfältigung, Übersetzung, Verbreitung und öffentliche Zugänglichmachung.

Bibliografische Information der Deutschen Nationalbibliothek:
Die Deutsche Nationalbibliothek verzeichnet diese Publikation in der Deutschen Nationalbibliografie; detaillierte bibliografische Daten sind im Internet über http://dnb.d-nb.de abrufbar.

Dieses Buch soll zum Nachdenken anregen: über Sie selbst, über Menschen, die Sie lieben und schätzen.

Als ich versuchte, dieses Thema mit einem Freund zu besprechen, mehr darüber zu erfahren, sah ich mich einem rätselhaften Tabu gegenüber. Mein Freund sah mich entgeistert an. Er meinte: »Es reicht mir schon, wenn ich das Wort *Krise* nur höre.«

Ich erinnere mich an ein anderes kurzes Gespräch. Ich kam zufällig auf dieses Thema und wollte wissen, wie es ihm mit seinen 45 Jahren ging. Seine Antwort war erschreckend für mich: »Tausend Gedanken belasten mich. Ich habe plötzlich Angst vor dem Leben, der tägliche Ablauf lässt mir gar keine Zeit zum Leben. Ich habe keine körperlichen Beschwerden, spiele weiterhin Tennis, aber ich konnte früher lachen, auch über Kleinigkeiten – jetzt habe ich keinen Spaß mehr. Selbst meine Arbeit fällt mir schwer. Kannst du das verstehen?«

Ich war sprachlos, konnte es nicht glauben.
»Was sagt denn deine Frau dazu?«
»Mit meiner Frau kann ich darüber nicht reden, sie versteht es nicht. Sie meint, ich käme in den zweiten Frühling.«

Ich hatte bisher keine Männer getroffen, die bereit gewesen wären, offen über ihre Erfahrungen zu reden. Das war der eigentliche Anlass für dieses Buch. Ich habe mir vorgenommen, dieses Schweigen zu brechen.
Dafür habe ich zahlreiche Gespräche geführt und so einiges zu hören bekommen, zwischen Hoffnung, Ernüchterung und der Freude auf den vorgezogenen Ruhestand: »Ich selbst will noch ein Kind, meine Frau kann aber keine Kinder mehr bekommen. Die Natur ist unfair. Ein Mann kann mit 50 noch Vater werden«, meinte einer. Ist dies der Grund, dass sich Männer in diesem Alter oft eine jüngere Frau suchen? Männer im Jugendwahn, die ihren Körper trainieren, um dem Alter zu entkommen? Die Verdrängung des Älterwerdens, des Eintritts in die nächste Lebensphase, ist oft Ursache für unverständliche Handlungen bei Männern. »Muss ich jetzt schon Todesanzei-

gen lesen?«, so die Feststellung eines Bekannten – ich hatte seine Männlichkeit infrage gestellt.

Der Leiter eines Bodybuildingstudios, Anfang 40, sagte: »Ich will, dass Männer das Alter vergessen können, einfach nur leben, Spaß haben. Es kommt jetzt, in meinem Alter, die Phase der Eitelkeit. Ich habe mir eine teure Schönheitscreme gekauft, das muss einfach sein, denn ich habe Angst vor Falten im Gesicht. Es ist schrecklich für mich, wenn sich keine Frau mehr nach mir umsieht, so wie früher. Man wird einfach unsichtbar, eine kleine graue Maus, darunter leide ich täglich. Ich suche nach Lösungen, finde aber keine.«

Frauen müssen umdenken, ebenso wie Männer. Der Mann als Retter der Welt, Vorbild, Versorger und Respektsperson hat ausgedient. Aufgrund der weiblichen Selbstbestimmung, dem bewussten und starken Auftreten der Frauen hat sich das allgemeine Weltbild verschoben, der Mann muss seine Rolle den neuen Gegebenheiten anpassen, wenn er ihnen nicht im Wege stehen will. Hier ist Flexibilität gefragt, aber auch Selbstbewusstsein.

Sind das die Männer von heute? Feinfühlig, getönte Haare, lackierte Fingernägel, einen kleinen süßen Hund auf dem Arm? Wollen Frauen Männer, die ihnen beim Stillen behilflich sind, ihnen einen bequemen BH besorgen gehen? Ist die Welt irre? Können solche Beziehungen halten? Wenn Frauen eine solche Einstellung haben, finden Sie keinen Zutritt in die Welt der Männer. Dann muss man sagen: »Sie haben keine Ahnung.«

Frauen sollten sich einen Mann wünschen, an dem sie Halt finden. Und, meine Damen, suchen Sie sich einem Mann mit Humor! Das macht das Leben leichter. Am besten ist es, schon morgens das Leben positiv zu sehen, eine Verabschiedung mit Kuss gibt Kraft für die tägliche Arbeit und ist jeder Beziehung zu wünschen.

»Ich verstehe meine Frau nicht mehr«, so der Satz eines Bekannten, nennen wir ihn Georg. Er ist Ende 30 und ein feinfühliger Mann. Ich kenne ihn schon länger.

»Warum *nicht mehr*?«, fragte ich.

»Wenn ich versuche, über meine gesundheitlichen Probleme zu sprechen, ist Sie ziemlich abweisend. Ich habe seit Wochen Schmerzen in den Hoden, könnte an manchen Tagen weinen. Wer soll mir helfen? Vor dem Besuch beim Arzt habe ich Angst. Vielleicht ist es Krebs. Operation. Chemo. Dann verliere ich meine Haare, sehe aus wie 60. Das will ich nicht.«

»Das ist aber keine Lösung«, sagte ich, »wenn du willst, gehe ich mit zum Arzt.«

»Das würdest du machen?«

»Klar.«

Eine verdrehte Welt. Statt mit seiner Frau zu sprechen, sucht er eine Hilfe bei einem Mann. Ist das typisch für Männer? Nein, ist es nicht!

Dazu eine Geschichte:

Manfred ist 49 Jahre alt und Abteilungsleiter in einem großen Supermarkt. Vor drei Monaten fing er plötzlich an, sich um seine Gesundheit zu sorgen: »Ich habe keine Lust mehr. Ich werfe den ganzen Kram hin. Jeder Tag läuft wie ein Ritual ab. Jeden Tag um acht geht es ins Büro, ständig Ärger mit den Lieferanten, Ärger mit den Kunden, den Angestellten. Und zu Hause? Wir reden immer das Gleiche: *Wie war's im Geschäft?* Pantoffel, Bier, Fernsehen, schlafen. Meine Frau sagt: *Wir müssen mehr reden.* Wenn ich das schon höre. Das klingt nach einer Aufforderung, mich zu outen. Kann meine Frau denn nicht verstehen, dass ich mal eine Auszeit benötige? Ich muss mein Leben ordnen!«

Sein Freund Manfred ist etwa 50 und aufgrund einer Erkrankung Frührentner. Das Wort *früh* klingt zwar wie *Frühling, Frühlingserwachen,* aber tatsächlich hieß es:»Hau ab Alter, wir brauchen junge Leute.« – In Japan ist man mit 35 im Beruf ein altes Eisen, entweder Leistung oder Schluss. Da steigt natürlich das Herzinfarkt-Risiko. Manfreds Lösung ist einfach und nicht teuer: Abends trinkt er jetzt einige Schnäpse:»Ich kann dann besser schlafen«, so seine Entschuldigung. Eine Selbstlüge.

Auch das sind Männer. Die Wahrheit nicht sehen und hören wollen.

Sprechen wir mit Fred. Er ist 44 und ein sehr erfolgreicher Architekt. Auf einmal weint er öfters, plötzlich, unerwartet. Er musste deswegen schon mal eine Besprechung unterbrechen. »Ich verstehe es nicht«, sagt er.»Ich bin erfolgreich, kann mir mit meiner Frau viel leisten. Wir haben Freunde in Monaco und machen Kreuzfahrten – mehrmals im Jahr. Und jetzt? Wenn ich in den Spiegel sehe, was sehe ich? Mein Leben verrinnt in diesem Spiegel. Früher hatte ich volle Haare und jetzt nur noch einen Haarkranz.«

Für seine Frau ist das kein Problem, aber für ihn.

»Meine Haut! Verdammtes Rauchen!«

Die Sucht ist stärker, die Haut ihrer Frische beraubt, grau und eingefallen.

»Ich schrie den Spiegel an: *Wo ist meine Jugend geblieben?* Wo sind meine Freunde von früher?, frage ich mich oft. Vielleicht schon tot? Herzinfarkt mit 44 und Ende? Ich wage nicht, es herauszufinden. Hat sich dieses beschissene Leben überhaupt gelohnt? Das Leben hat sie und mich vernichtet. Statt zum Tanzen oder in die Disco kennt man jetzt den Weg zum Friedhof!«

Er war verzweifelt, sank vor seinem Spiegel zusammen und warf die teure Parfümflasche an die Wand. Der Geruch des Parfüms überdeckt seiner Meinung nach nur den Geruch des Todes, der aber immer präsent sei.

Seine Frau Monika war 20 Jahre jünger und keine Hilfe. Er liebte sie, wenn auch im Bett nichts mehr lief. Der Beruf und das ungesunde Leben hatten ihn ruiniert. Eine andere Frau könnte ihn aber womöglich wieder zum Mann machen. Sein Flirt im Büro war allerdings ein Fehlschlag, also musste er sein Leben neu ordnen.

Sind das typische Verhaltensweisen von Männern? Keine Ziele, keine Bezugspunkte? Zu den Symptomen gehören Schlaflosigkeit, chronische Müdigkeit, Angstzustände, Alkoholmissbrauch oder andere Suchtmittel.
»Ich bin in ein tiefes Loch gefallen. Ich verstehe die Beziehung zwischen Mann und Frau nicht mehr.« Das sind nicht die Worte eines Manns von 50 Jahren, sondern die eines nicht mal 40-Jährigen. Beruflich auf dem Weg nach oben. Aber zu welchem Preis?
Was verlangen Frauen? Erfolg, Anerkennung im Beruf, Geld oder eine Partnerschaft in einer starken Zweierbeziehung? Dieser ständige Druck belastet die Beziehungen. Pillen müssen dann als Ersatz für einen natürlichen Schlaf herhalten.
Emanzipation oder *Quotenregelung* sind Reizworte bei Männern. Sie verstehen den

Anspruch nicht. Möglicherweise sind es Miss-
verständnisse. Warum gehen Beziehungen in
die Brüche? Kommt es zu Liebesabenteuern?
Sind es nur Reaktionen bei Männern auf die
Erkenntnis des Alterns?

Man könnte vermuten, dass Männer im Alter
auf Frauen neidisch sind. Frauen meistern ihr
Leben besser, einfach unkompliziert sachlich.
Fragen sie Männer mal, ob sie eine Waschma-
schine bedienen oder bügeln können. Meist
lautet die Antwort: *Nein.* Wenn Männer von
einer Frau verlassen werden, fallen Sie in ein
Loch müssen sich neu orientieren.

Männer haben ihre schwachen Seiten. »Ich
gehe ein Bier trinken« ist keine Ausrede. Möglich, dass er alleine sein will, sein Leben bei
einem Bier neu ordnen. Möglich, dass Frauen
dies nicht verstehen. Möglich, dass er einfach
nur Durst hat.

Nun folgt eine Lebensbeichte, erzählt von
einem Freund. Ich war erschüttert. Man muss
das verstehen, muss es verinnerlichen. Das ist
ein Stück Leben:

Nennen wir ihn Franz, 58 Jahre alt, seit zehn
Jahren in Spanien als Vertreter einer großen

deutschen Firma tätig. Er ist mit einer Spanierin verheiratet und hat zwei Kinder. Seine Welt ist nun geformt durch Kirche, Kindererziehung und seine Frau sowie deren Familie. Der erfolgreiche Mann fügte sich. Er war verliebt, diese natürliche Schönheit hatte ihn verzaubert. Selbst der sonntägliche Gang in die Messe war kein Hinderungsgrund für ihn. Er war selig, als er endlich die erste Nacht mit ihr verbringen durfte, musste dabei aber das Licht löschen.

Trotz seines Glücks stürzte er in ein tiefes Loch, tief und tiefer. Die Kinder waren eigentlich der Auslöser. Es wurde letztlich eine furchtbare Beziehung mit Tränen, Eifersucht und Schreierei. Seine Frau wurde eine Art Heilige, so kam es ihm jedenfalls vor. Seine Männlichkeit war nicht mehr gefragt, die starke Religiosität seiner Frau stand dem entgegen. Sie betete stattdessen viel.

Und wo blieb er?

Er gab ihr die Schuld für seine Impotenz, als er auf dem Straßenstrich Dampf ablassen wollte, aber nicht konnte. Das war ein Schock. Seine Frau war für ihn der Sündenbock, sollte leiden. Sie verstand gar nicht, was los war.

Frauen kennen die Gefühle eines Mannes nicht. Was wissen die schon? Nichts. Wir sind keine Sexungeheuer. Frauen glauben, wir wollen immer nur das eine, aber welch ein Irrtum, dachte er verbittert.

Es war die Entfremdung zweier Menschen. Die Lösung wäre einfach gewesen: Toleranz – eines der meist missbrauchten Worte in der Beziehung zweier Menschen.

Seine Frau diente nach ihrem Glauben der Familie, Sie hatte ihre Aufgabe erfüllt, hatte ihrem Mann zwei Kinder geschenkt, andere Gründe für Sex waren nicht vorgesehen in ihrer heilen Welt, waren Sünde, Sex zerstört, ihrer Meinung nach, hilft nur den Männern, ihren Trieb zu befriedigen.

Sollte er seine Frau mit Gewalt zwingen? Er war kein Mann, der eine Frau schlägt.

Der wöchentliche Besuch bei einer jungen Hure befreite ihn dann endlich von seinem Druck, nachdem er sich daran gewöhnt hatte, klappte es auch wieder mit der Potenz. Es war allerdings nicht besonders befriedigend für ihn, denn sie war nicht so wie seine Frau, doch deren Pforte blieb für ihn verschlossen. Hatte seine Frau ihn bezwungen?

Der Cognac hielt Einzug in sein Leben. Trübsal, Enttäuschung und Alkohol sind gute Verbündete und können zu einem bitteren Ende führen, nur erkennt man das meist zu spät.

Er wurde krank, litt seelisch, verschloss sich immer mehr, ließ niemanden mehr an sich ran, wurde depressiv, bekam Schwierigkeiten in der Firma. Sein Leben war für ihn gelaufen. Eine unerwartete Zuwendung seiner Frau lehnte er überraschend ab. Waren seine Gefühle für seine Frau erloschen?

Er bekam schließlich spontane Weinkrämpfe, war müde, konnte aber nicht schlafen. Er stand kurz vor einem Zusammenbruch. *Du hast mich zerstört!*, warf er seiner Frau vor. *Ich werde euch alle töten!*, dachte er. *Es sind auch meine Kinder, was glaubt meine Frau eigentlich? Ich bin der Erzeuger. Warum lässt man mich alleine? Ich möchte sterben.* Er musste weinen, warf eine teure Vase von ihr an die Wand.

Muss man als Mann so leiden? Er war doch kein Monster. Er hatte aus Liebe geheiratet. Sie hatte keine Angst vor dem Tod, hatte ihren Glauben – und was hatte er? Wo war die *heile Welt* seiner Familie? Sie waren Fremde geworden. Für ihn war das Betrug. Wer hatte denn die Kinder gezeugt? Der liebe Gott oder die Amtsträger der Kirche? Er liebte seine Kinder. – Alle Männer lieben ihre Kinder! Das wird bei Scheidungen aber oft übersehen.

Er hatte Angst vor dem Tod, hatte das Gefühl, er stünde schon vor ihm, nähme sein Leben. Er riss sich die Uhr von seinem Handgelenk und zertrat dieses Geschenk seiner Frau. Dort lagen nun die nutzlosen Dinge seines Lebens: eine kaputte Vase und eine zerstörte Uhr.

Die Versuche seiner Frau ihn zu trösten kamen für ihn zu spät, er wollte dieses Leben nicht mehr. Er hatte plötzlich Angst, dass er sich bei der Hure angesteckt hatte und es rauskommen würde. Für ihn brach eine Welt zusammen.

Eine Scheidung kam für ihn in Spanien nicht in Frage, er trank mehr, bis er schließlich die Kontrolle verlor.

Er war mal ein stattlicher Mann, aber nun war sein Gesicht aufgedunsen, er war unrasiert, ungepflegt. Er war eins ein Frauenversteher – und jetzt? Man musste ihn wohl bald einweisen. Seine Frau konnte ihm nicht helfen, außer für ihn zu beten. Er hatte noch gehofft, aber es war zu spät.

Der Fahrer des kleinen blauen Seat hatte keine Chance, als er dem betrunkenen Lebensmüden begegnete. Es war ein kurzer Aufschlag: Er hatte dieses Leben nicht mehr ertragen.

Muss *Mann* einsam mit seinen Gefühlen sterben? Auf diese Weise? Eine offene Frage.

Ein kurzes Gespräch mit einem Herrn Ende 70:
Er war Mitbewohner in einem Altersheim. »Was soll ich sagen. Ich sitze dort, werde mütterlich betreut und warte: Ich sitze gerne am Fenster, was soll ich sonst tun?

Mein Nachbar war ein stattlicher Mann Mitte 80. Jeden Tag sagte er: »Ich könnte noch Auto fahren, kein Problem.« Aber er fand nicht mehr den Weg zur Toilette. Er hat schon öfters in einen Blumenkübel uriniert und vergessen, seinen Hosenschlitz zu schließen.

Er war einst Direktor in einer Sparkasse und jetzt hilflos wie ein Kind. Man kann sagen: Männer sind wie kleine Kinder. Man kommt ohne Zähne auf die Welt und in den meisten Fällen verlässt man sie auch ohne wieder. So ist der Kreislauf. Besonders Männer sind davon betroffen. Frauen sind bevorzugt, sie leben länger. Ist das gerecht? In den meisten Fällen stürzt man tief.

Heute Direktor, morgen ein Pflegefall. Männer stürzen tiefer als Frauen. Sie haben anfangs das Gefühl unbezwingbar zu sein, *Mann* zeigt keine Schwäche, Männer dürfen nicht schwach sein, keine Gefühle zeigen. Frauen sollten lernen zu verstehen, dass Männer auch eine schwache Seite haben. »Dürfen Männer weinen?« Ich sage: *Ja*. Das kann eine Beziehung vertiefen und sollte kein Tabu sein.

Und zum Schluss sagte mir der 70-Jährige noch: »Ich werde in dem Heim als Mann sexuell belästigt!«

»Wie kann das sein?«, fragte ich ihn.

»Ich sehe fast jeden Tag Magazine oder andere Zeitschriften auf einem Tisch liegen. Was sehe ich da? Aufreizende Fotos von halb nackten Frauen auf den Titelseiten? Soll ich erregt werden? Ich habe mich im Heim beschwert, das hat aber nicht geholfen«

Und jetzt, meine Damen, muss ich Sie warnen, bevor Sie weiterlesen. Sie können auch die nächsten Seiten überspringen. Es folgen die Erfahrungen eines Mannes Ende 60. Er ist

Urologe und Fachmann für Männerheilkunde. Es könnte sein, dass Frauen sich möglicherweise verletzt fühlen, aber man muss die Wahrheit ertragen können. Hier muss man Frauen einen Spiegel vorhalten, um aus Fehlern zu lernen. Es hilft Ihren Beziehungen.

Der große Mann mit dem verschmitzten Lächeln sagt: »Nehmen Sie nicht alles so ernst. Vor allem Männer sollten das nicht tun«, meint er zu Beginn unseres Gesprächs. Nächstes Jahr ist sein runder Geburtstag. 70. Das ist nur eine Zahl.

Männer bekommen in dem Alter Panik, erklärt er. Viele Männer sind dann schon Opa, welche Freude. Wenn die Kinderlein klein sind, mag das stimmen, werden sie größer, wird es schon schwieriger. Dann kommt man sich als alter Mann einfach nur noch alt vor.

Man sagt oft, Frauen sind schwierig, aber nein, das Gegenteil ist der Fall: Männer sind es. »Ich habe alle Seiten kennengelernt, Junge und sogenannte *Alte*. Merken Sie sich: *Es gibt keine alten Männer!* Mit 80 Jahren wollen die noch einen Bootsführerschein machen oder kaufen sich Hanteln. Ich hatte so einen Mann in der Praxis, Mitte 70. Machte auf einmal

Bodybuilding, wollte einen Sixpack. Ich riet ihm, sich einen Sixpack Bier zu kaufen, da habe er mehr Freude dran.«

Männer können lustig sein und auch Spaß vertragen. Humor hilft in der Beziehung, meine Damen. Lieber Lachfalten als zu lange in der Sonne.

»Ich hatte einen Mann mit einer Beschwerde: *Herr Doktor. Meine Frau sieht aus wie eine Laugenstange, weil sie jeden Tag ins Sonnenstudio geht.* Solche Probleme können Männer auch haben mit ihren Frauen. Warum? Frauen hören nicht auf die Ratschläge und Warnungen ihrer Männer. Aber später heißt es natürlich: *Warum hast du nichts gesagt?* Männer und Frauen passen im Grunde nicht zusammen. Das ist schade, aber nicht zu ändern. Zum Beispiel die Sache mit der Emanzipation, das ist ein Reizwort für Männer. Männer und Frauen sind nun mal nicht gleich. Schon rein körperlich nicht. Das ist der große Irrtum der Frauen, finden Männer. Frauen können Autos reparieren, ja, sie können Flugzeuge fliegen und in typischen Männerberufen arbeiten, aber Männer haben dafür kein großes Verständnis, das höre ich immer wieder. Glauben Sie, dass

Männer sich Gewichtheben der Frauen ansehen oder Frauen-Boxen oder Frauen-Bodybuilding? Was wollen Frauen damit beweisen. Ein Blick in den Spiegel würde genügen. Muskelpakete wie ein Mann stoßen Männer ab. Glauben Frauen ernsthaft, dass Männer im Bett gerne einen Silikonbusen streicheln oder aufgespritzte Lippen küssen? Was Männer wirklich wollen, habe ich in meiner Praxis gehört. Sicher können sich Frauen gerne schminken und aufbrezeln, das freut auch die Männer. Männer schmücken sich ja auch gerne mit schönen Frauen. Was Frauen bei allem, was sie tun, nicht verlieren dürfen, ist ihre Weiblichkeit, das größte Gut, das größte Geschenk, das Frauen haben. Das unterscheidet Männer und Frauen wirklich. Wenn Männer das hingegen machen, kommt das meiner Meinung nach nicht so gut an. Ich hatte mal einen in der Praxis, der war geschminkt und operiert, meinte, es hätte ihn ein Vermögen gekostet, aber Frauen würden es lieben. Sein Parfum verschlug mir den Atem. Wenn er meint, ich kann es mir aber nicht vorstellen. Ich glaube, dass die Ordnung nicht mehr stimmt. Ich meine nicht die allgemeinen Dinge, sondern die Beziehung selbst. Es ist eine alte Gewohnheit des Menschen, dass er neue Wege sucht, wenn er seinen Weg selbst verloren hat. Provokativ gesagt: Die Liebe selbst ist zu einem Problem geworden. Gespräche mit Männern haben mir auch in vielen Fällen die Augen geöffnet. Das Erwachen der Frauen, ihre Selbstständigkeit, ihr Bewusstsein haben dazu geführt, dass die Rolle des Mannes nicht mehr stimmt. Selbstbewusste Frauen die stark auftreten erschrecken Männer. Und die Liebe wird auch missbraucht. Sie verliert ihren ursprünglichen Sinn. Ohne Liebe kein Leben. Zur Liebe gehört aber auch der Tod. Verlieren wir einen geliebten Menschen, ist das ein großer, ein fast unersetzlicher Verlust in einer festen und engen Beziehung. Die Liebe kann auch zu Last werden, und zwar, wenn sie erdrückt wird. Es ist die tägliche Jagd des Menschen nach dem vermeintlichen Glück. Wir lassen uns die Lust mittlerweile per Internet ins Haus schicken, werden erstickt vom Gerede über Liebeskunst, Stellungen und Techniken, Variationen der Lust. Manche sagen, Sex zerstört die Liebe, aber stimmt das? Ich habe mit Männern gesprochen und die meisten sagen: Liebe ohne Sex geht nicht. Männer brauchen Sex. *Dafür sind Frauen da*, behauptete gar ein junger Mann mir gegenüber. Er war hier, hatte schon in seinen jungen Jahren Probleme mit der Potenz. Ich sollte ihm Pillen verschreiben, aber keine Chance, nicht in diesem Alter.«

Er sprach auch über erschreckende Aussagen von Männern. Sie wollen die Wahrheit lesen, meine Damen? Hier ist sie:

»Ein Mann sagte zu mir: *Wenn ich was von meiner Frau will, dann sage ich: Du bist die einzige Frau, die ich wirklich liebe, und schon klappt es im Bett.* Was sagt man dazu?«

Man kann eine Entschuldigung für die Männer finden: Sie werden täglich mit Sex überschüttet. Filme Zeitschriften, Pornos, sexuelle Freizügigkeit, junge Damen, Minis in der Größe eines breiten Gürtels, an den Blusen braucht man eigentlich keine Knöpfe mehr … Für junge Männer ist das wohl nur schwer zu ertragen, aber es gibt für sexuelle Übergriffe und Vergewaltigungen keine Entschuldigung. Aber stellen Sie sich einmal vor, meine Damen, Männer würden mit offener Hose und erigiertem Geschlechtsteil herumlaufen. Zu Beginn gäbe es wohl großes Erstaunen, es würde gelacht und gelästert, aber nach einigen Wochen würde es heißen: »Pack dein Ding weg. Ich kann es nicht mehr sehen.« Diese Überfütterung wird Männern gegenüber täglich praktiziert. Junge Frauen stellen sich zur Verfügung, in der Hoffnung, dadurch ein Star zu werden, notfalls in der Pornoindustrie. Vergessen wird, dass Männer dieser zur Schau Stellung überdrüssig werden. So werden Frauen zu Sexobjekten degradiert. Das wiederum bedeutet: Die beteiligten Frauen verderben anderen Frauen die normale Beziehung zu einem Mann. Die Wahrheit ist nicht immer schön, aber man muss es sagen können. Meine Damen: So fühlen sich Männer. Haben Sie Verständnis? Anscheinend nicht.

»Als Urologe lernt man das Leben, das Denken der Männer kennen. Eben die verschlossene Welt der Männer. Sie würden sich nie so offen gegenüber einer Frau äußern, das verbietet auch die Scham, sie bekämen glatt einen roten Kopf. Männer sind eigentlich einfach zu verstehen: Sie sind einfältig, werden von Frauen verführt. Ein blanker Busen reicht eigentlich schon und sie können nicht mehr klar denken. Frauen nutzen das schamlos aus. Man könnte nun meinen, Männer seien die Verlierer. Gott sei Dank merken sie es aber nicht. Frauen haben hier Glück gehabt. Nutzen Sie Ihre Chancen. Nicht Trübsal blasen, meine Damen. Einfach angreifen. Das sage ich Ihnen als Arzt. Es könnte sich lohnen. Der Mann ist so eine Art *Angebot des Monats*. Ich weiß, das klingt nicht schön, kann aber Spaß machen und eröffnet die große Chance, nicht alleine schlafen zu müssen.«

»Und jetzt noch zwei Dinge offen, klar und auch provokativ erklärt, die man ansprechen muss. Vielleicht ist das verletzend oder mit Enttäuschungen verbunden, dafür bitte ich schon im Voraus um Verzeihung. Also, die Zeiten haben sich geändert. Die Beziehungen zwischen Mann und Frau, könnte man vermuten, sind komplizierter geworden, wie bereits durch das Erwachen der Frau als gleichberechtigter Mensch – gleiche Rechte, gleiche Forderungen. Aussagen von Männern bestätigen, dass damit nicht jeder zurechtkommt. Beginnen wir mit der Aussage eines Mannes Mitte 30: *Ich habe mich am Anfang meiner Beziehung schwergetan. Manche Ansichten meiner*

Frau konnte ich nicht verstehen. Ich sehe so-gar die Fortführung meiner Ehe gefährdet. Seit drei Monaten schlafe ich nicht mehr mit meiner Frau. In meinem Alter ist das doch ungewöhnlich, oder? Ich liebe meine Frau, aber ... Das ist die große Mode in der heutigen aufgeklärten Zeit: Der Mann begleitet seine Frau oder auch Freundin während der Schwangerschaft, gegebenenfalls auch bei Gymnastikübungen als Vorbereitung zur Ge-burt, vielleicht hechelt er mit bei den Atem-übungen ... Meine Damen, muss das sein? Der Mann macht sich zum Kasper. Das ist eine Art Vergewaltigung des Mannes. Bei jungen Frau-en mag das gerade *in* sein, nur ist das nicht die Einstellung des Mannes, das sag ich Ihnen als Arzt. Was glauben Sie denn, was Männer dazu in meiner Praxis sagen? Die Behauptung *Schatz, für dich tue ich alles, helfe dir, es wird ja unser Kind* ist gelogen. Eigentlich meint er: *Das ist deine Sache, ich warte in der Kneipe, bis du fertig bist* – das traut er sich aber nicht zu sagen. Also, was tun Frauen ihren Männer da an? Diese Vorbereitungen zur Geburt sind eine intime Angelegenheit der Frauen, hier haben Männer nichts verloren, ihr Platz ist an der Spielekonsole oder am Tresen. Frauen verstehen die Männer eben nicht, tut mir leid. Ihr Mann soll Sie lieber zu einem schönen Abendessen einladen mit einem großen Strauß roter Rosen und sich dafür aus Geburtsvorbereitung und so raushalten dürfen. Aber es wird ja noch viel schlimmer. Der Mann sagte also: *Seit drei Monaten schlafe ich nicht mehr mit meiner Frau.* Warum wohl? Männer sollen bei der Geburt dabei sein, ist ja auch eine tolle Sache die Geburt, ein Wunder, das Geheimnis des Lebens, aber Frau und Kind sind monatelang untrennbar miteinander verbunden, der Mann nicht, der ist da das fünfte Rad am Wagen, tut mir leid. Natürlich möchte eine Frau Unterstützung bei der Entbindung, das ist ja etwas Beängstigendes, etwas Neues, da hat man gerne eine starke Hand an seiner Seite, aber das nützt doch nichts! Der Mann kann da nicht helfen. Außer sich die Hand zerquetschen zu lassen, hat er keinerlei Nutzen für die Frau. Arzt und Hebamme helfen, der Mann ist im günstigsten Fall im Weg, im Schlimmsten liegt er ohnmächtig im Weg rum. Und wozu das alles? Dass er seine Frau ungeschminkt, schweißgebadet und am Ende ihrer Kräfte sieht? Kein schöner Anblick, wenn ich das mal sagen darf. Da achten die Frauen jahrein jahraus darauf, dass sie immer top aussehen, und dann lassen sie ihren Mann in den Kreißsaal – verrückt! Und nicht zu vergessen: Der Schoss der Frau ist für den Mann etwas Besonderes, etwas Heiliges geradezu, er denkt zärtlich daran und wird erregt ... Soll er wirklich mitkriegen, wie da jemand rauskommt? Wird das seine Männerwelt verändern? Ein Wesen, das schon bald mit einem Spezialfahrzeug transportiert werden muss, weil es so groß und schwer ist? Gut, Sie können das meinetwegen *Kinderwagen* oder *Buggy* nennen, aber Fakt ist: Das, was da rauskommt, ist definitiv größer als ein Mann ertragen kann. Dass in der Regel ein Tuch vor das blutige Spektakel gehalten wird, macht die Sache für den Mann nicht wirklich besser. Soll er denn in Zukunft Hemmungen haben? Meine Damen, machen Sie sich bitte bewusst, dass der Mann seine schönen Illusionen verlieren kann. Aus Gesprächen habe ich unterschiedliche Meinungen dazu gehört. Viele Männer sagen im Nachhinein: *Hätte ich das gewusst, hätte ich das lieber nicht gemacht.* Sicher gibt es auch Männer, die das nicht so

sehen, aber es gibt definitiv Fälle, in denen
Männer überfordert waren und einfach umkipp-
ten. Das ist übriges ein Hinweis darauf, dass
Frauen eigentlich stärker sind, sie zeigen es nur
nicht, ist halt nicht schick.. Eigentlich schade.«
Bei der Gelegenheit: Ist ein Kaiserschnitt eine
Modeerscheinung? Mindert man einfach die
Schmerzen einer Geburt oder will man sich
nicht die Figur ruinieren oder was sind die
Beweggründe?
»Ich kann diese Frage als Arzt so auch nicht
beantworten. Es gibt im Leben immer ein Plus
und ein Minus. Partner sollten das intern und
sehr offen besprechen. So vermeidet man
Streit. Apropos Streit, ich hätte da ein paar
Hinweise, die Frauen besonders beachten sollten, weil viele diesbezüglich große Fehler machen und vielleicht unbewusst ihre Ehe ge-
fährden. Ich erkläre es anhand eines prakti-
schen Beispiels: Mann und Frau führen eine
glückliche Ehe, kürzlich gekrönt mit einem
wundervollen Geschenk namens Melanie,
einem süßen Mädchen. Die Frau ist ganz verliebt. So. Eigentlich sollte es heißen: Mann,
Frau, Kind, aber Pustekuchen: Die neue Rei-
henfolge lautet nach der Geburt oft: Frau,

Kind … Mann. Der Mann rutscht oft an die dritte Stelle oder noch weiter nach hinten, wird zurückgesetzt. Muss das sein? Ein großer Fehler. Ruft der Mann: *Schatz, ich bin zu Hause*, dann will er nicht hören: *Gleich, erst das Baby* … Meine Damen, sind Sie verrückt? Richtig wäre natürlich, dass sie sofort angelaufen kommt, ihm um den Hals fällt und sagt: *Ich liebe dich! Lassen wir das Baby schreien, ich bin ganz für dich da.* Das ist die Einstellung, das ist der Satz, den er hören will. Das schmeichelt der Seele eines Mannes, dafür hat er Sie geheiratet. Sie sollten Ihr Verhalten ändern. Wenn er dann nicht direkt sagt: *Ich liebe dich auch, aber lass uns lieber nach dem Baby sehen*, können Sie sich ja immer noch scheiden lassen. Ich sage Ihnen, unterschätzen Sie das Bedürfnis der Männer nicht, ich spreche hier von echten Erfahrungen betroffener gekränkter und enttäuschter Männer.«

Solche Begebenheiten führen dann eben zu dem Satz: *Frauen haben keine Ahnung.* Das sollte nicht sein. Eine Ursache ist: Man spricht nicht miteinander. Aber man kann doch über *alles* reden, zum Beispiel auch über Impotenz.

»Meine Damen, wissen Sie eigentlich, was

Impotenz bedeutet? Man spricht von einer *Impotenz* wenn der Mann über einen längeren Zeitraum nicht in der Lage ist, eine Erektion zu bekommen, nicht wenn er nach der dritten wilden Nummer hintereinader nicht mehr kann. Den meisten Männern passiert eine echte Impotenz mindestens einmal im Leben. Dieses *Versagen* kann durch Stress, Müdigkeit oder auch übermäßigen Alkoholkonsum verursacht werden. Impotenz bedeutet, dass der Mann kaum oder überhaupt nicht in der Lage ist, den Geschlechtsverkehr mithilfe seines Geschlechtsteils auszuüben. In der Arztsprache heißt das: *erektile Dysfunktion*. Das ist ein sehr persönliches und empfindliches Thema bei Männern. *Kein Mann zu sein* ist für einen Mann eine Art Todesurteil. Als Arzt gebe ich Ihnen einen wertvollen Tipp: Wenn Sie bei Ihrem Mann eine gewisse Unlust im Bett feststellen, dann bedrängen Sie ihn nicht, er hat vielleicht gerade mit gewissen Problemen zu kämpfen. Unterlassen Sie Bemerkungen aller Art, positive wie negative. Ein *Kannst du nicht mehr?* könnte ihre Ehe beenden. Solche unbedachten Sprüche sind unverzeihlich. Eine Frau sollte niemals die Potenz ihres Mannes infrage stellen, schon gar nicht öffentlich und auch nicht mit ihrer besten Freundin darüber sprechen. Wenn Sie ihren Mann gegenüber jedoch Verständnis zeigen, haben Sie wieder einen großen Stein in das Fundament einer stabilen Beziehung gesetzt. Wie schon gesagt: Männer sind einfach.«

Meine Damen, haben Sie diese Ausführungen eines erfahrenen Mannes und Arztes gelesen und verstanden? Ich finde, dass er recht hat. Ohne offene Worte kann man keine Resultate erzielen. Es darf in einer Beziehung eben keine Tabus geben.
Hier noch weitere Statements aus seinem reichen Erfahrungsschatz:

»Bei einer Unterredung wurde ich selbst überrascht. Wie kann Schönheit Leid verursachen? Schöne Frauen sind oft einsam und haben Schwierigkeiten, einen Partner zu finden, denn Männer suchen zwar die Schönheit, aber Schönheit kann auch abschrecken, verunsichern. Männer fragen sich dann, ob das ihre Liga ist, ob sie eine so schöne Frau halten können, wissen um zahlreiche Nebenbuhler, sind schon mal proforma eifersüchtig. Es gibt immer einen jüngeren, schöneren oder reicheren Rivalen, für jeden Mann. Je schöner eine Frau, desto schwerer ist die Bürde für den Mann zu tragen. Auch die Geschichte eines Patienten über dessen Freund hat mich mitgenommen, das war so ein Robert-Redford-Typ, sah fantastisch aus, groß, braun gebrannt, blonde Haare, modisch gekleidet, Dreitagebart ... Die Frauen lagen ihm zu Füssen. Mit seinen 42 Jahren hatte er das Glück gepachtet, war ein echter Weiberheld, wurde geradezu von Frauen belästigt. *Bitte, nur eine Nacht* und ähnliche Einladungen waren an der Tagesordnung. Er hinterließ einen Abschiedsbrief, den mir sein Freund zeigte: *Ich bin nur noch müde. Tabletten helfen mir nicht mehr. Die Gesellschaft hat mich vernichtet. Ich bin nur noch ein Schatten meiner selbst. Ich war kein Mann mehr, sondern eine Kunstfigur. Ich war ein Model. Ich liebte die Frauen. Ich war nicht schwul, hatte aber auch hier viele unmoralische Angebote. Schönheit zieht auch schwule Männer an. Ich hatte immer das Gefühl, Gott zu spielen zu müssen. Mir fehlte auch ein Stück geistiger Liebe. Ich möchte aber nicht nur um*

meiner äußerlichen Schönheit geliebt werden.
Jede Frau, jede Beziehung wollte angeblich
immer nur das Beste für mich, ich wurde zuge-
deckt von mütterlichen Gefühlen. Aber ich
wollte das nie. Ich bin ein Mensch, kein
Schaustück, kein Abziehbild. Ich musste als
Model immer lächeln, doch zu welchem Preis?
Wer kann lächeln, wenn die eigene Mutter im
Sterben liegt? Aber ich hatte einen Vertrag.
Eiskalt geht man über Gefühle, über Leichen.
Ich hätte mir mein Gesicht zerschneiden sol-
len, doch ich war zu schwach. Männer, das
starke Geschlecht. Muss man da lachen oder
weinen? Ich sage, dass jede Art von Liebe
auch Sorge voraussetzt. Das gehört zu einer
intakten Beziehung. Diese Sorge, dieses Ge-
fühl kannte ich nicht. Ich bin zugedeckt mit
fraulicher Macht. Schöne Männer leiden da-
runter. In meinem Beruf als Model erfülle ich
Männer- und Frauenträume. So gehöre ich
der Gesellschaft. Kennen Frauen ein solches
Leben? Ich weiß es nicht. Das ist für mich
auch ohne Bedeutung. Ich bin zerrissen, in-
nerlich zerbrochen. Ich könnte jeden Tag wei-
nen. Dafür muss man sich nicht schämen
auch nicht als Mann. Ich konnte meinen Wil-

len nicht durchsetzen. Ich hatte keinen mehr.
Kein Mensch kann und möchte so leben. Ich
werde nur noch gejagt: Presse, Partys, Lauf-
stege. So beende ich mein Leben. Ich suche
Ruhe. Ich suche Frieden. Vielleicht finde ich
das auf diese Weise, ich hoffe es. Das machte
mich sprachlos. Ich hatte schon viel gehört,
während meines Berufslebens, aber das? Ich
habe einige Tage gebraucht, um das zu ver-
kraften. Ich habe diese Tragik meiner Frau
erzählt. Sie weinte mit mir. Versuchen wir also
einfach zu leben, positiv zu denken. Versuchen
wir, nichts auf die lange Bank zu schieben.
Tun Sie, was Ihnen wichtig ist, am besten
gleich, denn Sie wissen nicht, ob es morgen
oder nächste Woche noch möglich ist. Wir
werden getrieben, kommen nicht zur Ruhe.
Wir müssen uns dem entgegenstellen.«

Kommen wir zu jemand anders, der etwas zu
berichten hat:
»Ich werde diesen Monat 35. Sehen Sie mich
an: Ich hatte einen Motorradunfall, habe das
rechte Bein verloren. Schlimm, ja, aber ich
habe mein Schicksal angenommen. Bin seit
fünf Jahren in einer guten Beziehung, kinder-

los, und doch gab es schon erhebliche Probleme. Ich hatte plötzlich das Gefühl einer Entfremdung.«

War er beleidigt worden?, könnte man sich fragen, in seinen Gefühlen verletzt? Es war eines Abends beim Fernsehen, es lief ein Spielfilm. Seine Frau sagte: »Was für ein gut aussehender Mann. Der könnte mir gefallen.« Unglaublich, oder? Unabhängig von der Behinderung des Mannes kann man eine solche Bemerkung doch nicht äußern!

Jeden Abend kommen große und kleine Stars in die Wohnzimmer und damit auch eine mögliche Provokation, ein Störfaktor für eine Beziehung. Ja, es stimmt. Man kann heute nachhelfen. Schönheitsoperationen gibt's geradezu am Fließband. Männer fühlen sich in ihren Gefühlen genauso verletzt wie Frauen, wenn man ihnen so unsensible Sprüche um die Ohren haut, das wird aber nicht erkannt, da Männer ihre Gefühle verstecken. Ein großer Fehler der Männer. Aber ein Mann fühlt sich bei einer solchen Bemerkung als *Niemand*, eine kleine graue Maus, degradiert, wertlos, hässlich, blöd. Eine wurde würde in so einem Fall sagen: »Wenn dir die Plastiktitten der Schlampe da im Fernsehen besser gefallen, dann geh doch zu ihr!« Der Mann würde in Zukunft auf seine Worte achten und alles wäre gut. Aber ein Mann sagt nicht: »Wenn der so viel toller und männlicher ist als ich, dann ...« Niemals. Er schweigt. Manche Männer sind so empfindlich, dass sie schmollen. Die Frau hat dann natürlich keine Ahnung, was los ist, weil er es ja nicht sagt. Besser wäre es, wenn Männer in der Lage wären zu sagen: »Das war kein schöner Satz für mich.« Ruhig, sachlich. Aber nein, Männer müssen ja so tun, als würde sie das nicht tangieren. Da kommt dann maximal ein mauliges: »Blödsinn. Guck doch mal wie der geht und dann das affige Grinsen und die bescheuerte Frisur!« So oder so: Der Abend ist gelaufen. Das muss ja nun nicht sein, also Vorsicht, meine Damen.

Frauen glauben immer, Männer seien unempfindlich, nichts würde ihnen etwas ausmachen, Fels in der Brandung und so, hart im Nehmen, harte Kerle ... eine Legende, die sie von sich aufbauen. Nichts davon ist wahr. Männer sind in ihrer Gefühlswelt für Frauen nur schwierig zu verstehen, weil sie nicht offen mit der Sprache rausrücken. Das ist eine große Herausforderung für die Beziehung zwischen Mann und Frau.

Oft ist die Ursache für Streitigkeiten mit Missverständnissen verbunden, denn in diesem Punkt liegen Männer und Frauen weit auseinander: Frauen zeigen ihre Gefühle offen, meist auch zu schnell, und wundern sich, dass sie verlassen werden. Männer hingegen verstecken ihre Gefühle und wundern sich, dass sie verlassen werden. Aber das könnte ja ein Zeichen von Schwäche sein und damit inakzeptabel. Nicht hart genug für den *Ironman*, aber hart genug, Gefühle zu verbergen. Merkwürdige Logik aber irgendwie nicht zu ändern.

Also, liebe Damen, bevor sie unbedacht eine solche Äußerung tätigen, wie »Der könnte mir gefallen«, werfen Sie bitte einen kurzen Blick auf die Hauptdarstellerin im Film und fragen Sie sich, wie Sie es finden würden, wenn Ihr Mann sagt: »Die würde ich auch nicht von der Bettkante schubsen.« Wenn Sie das blöd fänden, dann sagen Sie so was auch nicht. Wenn es Ihnen egal wäre, halten Sie trotzdem den Mund.

Ich hatte das Glück, dass ich mich noch mit

einem anderen Fachmann unterhalten konnte, einem Psychiater. Viele Männer haben schon auf seiner Couch gelegen und ihm ihr Leben erzählt.

»Was wollen Sie wissen?«, fragte er mich.

Fangen wir gleich an mit vielleicht unbequemen Fragen zu Männern, Sex, Erotik, Potenz und Irrsinn. Man kann Männer ja nicht immer verstehen.

»Unbestritten ist die Tatsache, dass Männer das sexuelle Erleben suchen. Aber Frauen sollten auch wissen, dass der Mann in der Liebesnacht noch andere Dinge will, nicht nur die bloße Hingabe der Frau, nein, auch das Gefühl ein Mann zu sein. Kann er ihre Wünsche erfüllen oder versagt er, ist eine seiner größten Sorgen. In den Köpfen der Männer ist klar definiert, was als Versagen gilt, und das ist für einen Mann unerträglich. Die Angst der Männer ist in der heutigen Zeit durchaus nachvollziehbar und berechtigt. Früher gab es keine öffentlichen Vergleiche, maximal in der Kneipe prahlten sie untereinander. Jetzt muss *Mann* jederzeit damit rechnen, dass die Frau sagt: *Also in dem Film Neuneinhalb Wochen, da hat der Mickey ...* oder noch schlimmer: *Mein Ex war da viel* ... Die Zeiten haben sich eben geändert. Eine Szene im sonntäglichen Tatort kann bereits das Gefühl auslösen, nicht top zu sein, einmal nicht laut genug geschrien, wird die Frau schnell mal als unbefriedigt betrachtet. Der Körper des Mannes sendet dann ein Warnsignal aus, wenn der Druck zu hoch wird. Eine kurzfristige Impotenz kann einfach nur bedeuten: *So nicht! Ich weigere mich, ich will nicht.* Heutzutage neigen Frauen aber auch viel eher dazu, ihre Männer zu fordern, sie wissen ja aus den einschlägigen Zeitschriften, was geht und was nicht, haben also konkrete Vorstellungen. Aber man kann weder Potenz noch die Fähigkeit zu schwülstigen Komplimenten erzwingen, die Fähigkeit romantisch zu sein ebenso wenig wie erst dann zu ejakulieren, wenn die Frau befriedigt wurde. Das ist mitunter schwierig und gipfelt im schlimmsten Fall mit dem Nachlassen der Libido. Das kann schon allein dann der Fall sein, wenn ein Mann sich nicht als Eroberer sieht, seiner Lieblingsvorstellung, sondern als Geforderter, das kommt für ihn eher einem Hündchen gleich, das bei Bedarf aus der Handtasche gezogen und an der Leine rumgeführt wird.

Wenn eine Frau allerdings zu viel Verständnis für das Versagen des Mannes zeigt, ist das auch wieder nicht gut. Er will ja im Bett nicht bemuttert werden. Bekocht werden ja, Wäsche waschen, bügeln, Bierchen bringen ist alles okay, aber tröstend in den Arm genommen werden, weil es an Standhaftigkeit mangelte, will keiner. Mein Tipp: Sagen Sie in einem solchen Fall nicht *macht nichts* oder *nicht so schlimm*, sondern so was wie: *Kaum zu glauben, wo du doch sonst immer so ein Hengst bist* oder *Auch Superman hat mal einen schlechten Tag.* Auf jeden Fall sollten Sie da nicht die Mutter raushängen lassen. Die starke Bindung zwischen Mutter und Sohn bleibt in der Regel ein Leben lang erhalten, das taugt nicht fürs Bett. Aber Männer und ihre Mütter, das ist ohnehin ein Thema für sich. Die klassische Mutter will ja immer nur das Beste für ihren Sohn, in dem Moment vergisst sie ihre *Schwestern*, also alle anderen Frauen, die eventuell mal unter ihrem Sohn leiden werden. Diese mütterliche Fürsorge ist durchaus ein Hindernis für einen Mann, eine Verbindung zu einer anderen Frau aufzubauen. Der Mann vergleicht mitunter das Verhalten seiner Frau mit dem früheren Verhalten seiner Mutter. Der Spruch *Das hat meine Mutter aber so und so gemacht* ist ja hinlänglich bekannt und weiterhin unterste Schublade. Auf der anderen Seite ist das mitunter der Grund für männliche Unvernunft. Sie als Partnerin schaffen es oft nur deshalb nicht, an die Vernunft Ihres Mannes zu appellieren, weil er schon bei seiner Mutter den aufgezwungenen Schal hinter der nächsten Ecke wieder abgenommen hat. Gutgemeinte Hinweise wie *Zieh lieber eine Mütze auf* oder *Trink nicht so viel* erinnern an mütterliche Bevormundung und kommen daher gar nicht gut an. Ein Mann fühlt sich schnell mal bevormundet und Männer mögen das gar nicht. Männer fürchten daher starke Frauen. Daher sind sowohl seine Mutter als auch Ihre Mutter Gift für eine Beziehung, wenn sie dazu neigen, gute Ratschläge zu erteilen. Man sollte als Paar keinesfalls mit einer von ihnen zusammenwohnen.«

Und wie sieht es mit der Rolle des Mannes in der Gesellschaft aus? Wie kommt er mit Quoten und dem neuen Rollenbild des Mannes klar?

»Nun, auf der einen Seite müssen Frauen immer noch um einen besseren Stellenwert in dieser Gesellschaft kämpfen, die Quoten ändern daran erst mal nichts. Auf der anderen Seite hat die Emanzipation dazu geführt, dass immer mehr Männer sich zwischen den verschiedenen gesellschaftlichen Anforderungen, Vorbildern und Vorgaben verlieren und zwischen den Stühlen sitzen. Nicht wenige verlieren dabei ihre Identität als Mann, sind nicht Mann und nicht Frau, sondern irgendwas dazwischen. Die Quotenregelung verunsichert, die Emanzipation führt auch nicht zu eindeutigen Lösungen, sondern eher zu ständig neuen Fragen. Es werden also immer mehr Spannungen aufgebaut. Männer müssen erkennen, dass ihre Vormachtstellung in der heutigen Zeit vorbei ist, ohne dabei ihre Rolle als Mann aufzugeben. Bloß weil man nicht mehr automatisch die erste Wahl als Maurer ist, sondern auch eine Frau einen Hammer halten kann, heißt das nicht, dass man sich mit Backrezepten rumschlagen muss und beim Sex nur noch unten liegt. Das ist Quatsch, aber viele Männer reagieren verschreckt auf den Vormarsch der Frauen, betrachten das nicht als Gewinn für die Frauen, sondern ausschließlich als Nachteil und projizieren es dann als Verlust der eigenen Männlichkeit auf sich. Anders gesagt: Wird eine Frau Aufsichtsratschefin bei einem Stahlkonzern, dann hat ein Klempner damit erst mal nichts zu tun, bringt es aber unter Umständen fertig, wegen dieses Umstandes sein Selbstverständnis als Mann zu verlieren. Ja, sicher, es sind Indikatoren für Veränderungen, die man aber nicht so oberflächlich betrachten darf. Frauen haben sich einen größeren Stellenwert erkämpft, treten selbstbewusster auf. *Frau* stellt fest, dass sie auch ohne Mann leben kann, das ist doch in Ordnung und kein Grund sich plötzlich wertlos zu fühlen, denn schließlich verzichten nicht alle Frauen von heut auf morgen auf Männer, ganz im Gegenteil, wenn ich das mal sagen darf. Aber *lieber alleine* ist eine Denkweise, die Sinn und Berechtigung hat, denn es ist besser, als in einer kaputten Beziehung zu leben. Das ist ja nun die einzige Lösung für Frauen, denen es nicht gelingt, einen adäquaten Mann zu finden und die mit anderen Frauen auch nichts anfangen können. Früher war das undenkbar und es wurde auch unter den schlechtesten Bedingungen an der Beziehung zum Mann festgehalten. Das ist jetzt eben anders. Wenn keine gute Beziehung möglich ist, dann eben nicht. Das ist gut und für keinen Mann ein Grund zu verzweifeln. Diese Erkenntnis ist für Männer aber neu und daher lehnt *Mann* diese Form der Selbstständigkeit der Frau ab. Aber, und das ist die andere Seite der Medaille, auch Frauen haben ihre Schwierigkeiten mit den neuen Gegebenheiten umzugehen. Noch immer neigen viele dazu, alle Männer in einen Topf zu werfen, schlechte Erfahrungen zu verallgemeinern und schaden damit sich, der Frauenemanzipation und all jenen Männern, die schon auf dem richtigen Weg sind. Polarisierung ist eben nie gut. Also: Alle Männer wollen Sex, aber nicht alle Männer sind Sexmonster. Alle Männer wollen Sex, aber nicht alle wollen nur Sex. Das sind Feinheiten, natürlich, aber wer feinfühlige Männer möchte, muss auch selber in der Lage sein, das zu berücksichtigen. Schluss mit der unspezifischen Pauschalisierung. Frauen unterliegen auch dem Irrtum, dass es die großen Dinge im Leben eines Mannes sind, welche er zum Glücklichsein benötigt. Es sind aber in vielen Fällen die kleinen Dinge des Alltags: sein Pils am Tresen, seine Brieftauben, sein Sportverein, seine Modelleisenbahn oder auch fünf Pils im Fußballstadion. Diese Dinge helfen ihm teilweise dabei, sein Leben zu meistern. Für den einen ist es halt eine Kunstausstellung, für den anderen Fußball.«

Braucht der Mann diese Freiräume, um mit anderen Männern über seine Sorgen und Nöte zu sprechen?

»Eher nein. Er braucht das, um seine Sorgen und Nöte zu verdrängen. Mit wem soll er denn sprechen? Seiner Frau gegenüber kann und will er keinerlei Schwäche zugeben, den anderen Männern gegenüber aber auch nicht. Oft sind Priester oder Arzt die einzigen Ansprechpartner. Männer sind im Innern einsam. Frauen können offen mit ihrer Freundin über Krankheiten sprechen, aber Männer verweigern das. *Alt* und *krank* sind wie zwei Brüder, die er hasst. Und diese kleine heile Welt am Tresen, wo diese beiden Brüder Hausverbot haben und die Männer sich gegenseitig für ihre Heldentaten feiern, können Frauen natürlich nicht verstehen. Das ist aber auch besser so. Es tut mir leid, aber das ist die für Frauen verschlossene Welt der Männer. In diesem Zusammenhang erlaube ich mir noch die Anmerkung, dass

Männer auch täglich angegriffen werden.«

Wegen der ständigen Rivalitäten mit anderen Männern?

»Das meine ich nicht. Ich meine die Angriffe auf ihre Schwachstellen. Allein auf dem Weg in die U-Bahn heute habe ich bestimmt zwei Dutzend nackte Frauen gesehen, die um meine Aufmerksamkeit buhlten. Auf jeder Kekspackung, auf den Zeitschriftencovern … Beim Warten auf den Zug hing eine fünf Meter große Frau in Strapsen an der gegenüberliegenden Wand, die gar nichts von mir wollte, sondern eine bestimmte Stumpfmarke an all die Frauen verkaufen wollte, die bemerken, dass die anwesenden Männer kaum die Augen von dem Plakat lassen konnten. Aber die Werbung ist ja nicht alles. Frauen suchen ja ständig Selbstbestätigung durch ihre Wirkung auf Männer, das ist auch ein Dauerfeuer, dem Männer da ausgesetzt sind. Aufreizende Kleidung, direkte Anmache und Flirts im Büros – es sind nicht nur Männer, die sich da danebenbenehmen, das hat sich inzwischen ziemlich angeglichen. Aber die Konsumindustrie will Produkte verkaufen, Männer und Frauen sind gleichsam Zielgruppe im Kampf um Schönheit und Jugend. Die wissen teilweise gar nicht mehr, ob sie sich für das andere Geschlecht anstrengen oder um vom eigenen nicht schräg angesehen zu werden. Der Kampf der Geschlechter ist eher zu einer Inszenierung geworden, von Industrie und Medien angefeuert. Die Versuche, Männer und Frauen gegeneinander auszuspielen sind dabei zum Teil geradezu grotesk. In Wirklichkeit kommen Mann und Frau prima miteinander aus, wenn Sie in der Lage sind, Toleranz und gegenseitiges Verständnis zu zeigen.. Und noch ein guter Tipp: Eine Entschuldigung kann viel bewirken.«

Abgesehen von den gesellschaftlichen Änderungen an sich hat sich ja auch die Sexualität als solche geändert. Pornografie steht inzwischen jedem Pubertierenden zur Verfügung, weil jeder Internetzugang hat. Hat das Auswirkungen?

»Nun, es ist noch etwas früh, dazu etwas zu sagen, das Phänomen ist noch neu und betriff gerade mal eine Generation. Da es die erste ist, ist es verständlich, dass Schwierigkeiten auftreten. Gerade die Fähigkeit die Informationsflut zu bewältigen, ist nicht jedem gegeben. Der Umgang mit Pornografie entsprechend auch nicht. In zwanzig oder dreißig Jahren kann sich das geändert haben. Aber nach wie vor gilt, dass Männer eine grundsätzlich andere Einstellung zu Sex haben, da sie da mehr Triebgesteuert sind als Frauen, obwohl die jüngeren Frauen schon fordernder und selbstbewusster sind, als frühere Generationen. Es gibt aber nach wie vor deutlich mehr Männer als Frauen, die ihr *eheliches Recht* einfordern. Und es ist nach wie vor häufiger der Fall, dass junge Mädchen zu ungewolltem Sex gedrängt werden, als dass Jungen gegen ihren Willen von Mädchen vernascht und dann sitzengelassen werden. Jungen Frauen und Mädchen kann ich nur weiterhin den Tipp geben, sich nicht über den Tisch ziehen zu lassen. Wenn er sie wirklich liebt, dann wird er Verständnis haben, dass Sie Zeit brauchen. Sicher besteht die Gefahr, dass er seine *Liebe* dann woanders findet, aber die große Liebe ist das dann mit Sicherheit nicht und auf eine solche Beziehung kann Frau gut verzichten.«

Wie bewerten Sie es, dass ein paar große Modellabes auch unretuschierte Bilder ihrer Models veröffentlichen? Ist das ein großer gesellschaftlicher Wandel? Macht das Schule?

»Ich bin kein Zukunftsforscher und ich glaube, das machen die Firmen zwischendurch gerne mal als PR-Gag. Aber natürlich wäre es wünschenswert, wenn die Ausrichtung auf unerreichbare Perfektion nachlassen würde. Das macht nur krank, da es unbefriedigend ist. Daher sage ich: Schwangerschaftsstreifen sind keine Schande. Falten im Gesicht sind ein Stück Leben. Falten bedeuten Erfahrung, Weisheit, Verstehen. Frauen müssen nicht in Asche gehen. Tatsächlich ist es so, dass die meisten Männer keine Schaufensterpuppen wollen, keine seelenlosen Wesen mit einem Botoxlachen suchen. Hier liegt ein Irrtum vor, denn natürlich präsentieren die Medien bevorzugt die kontroversen Typen, die sich vor eine Kamera stellen und verkünden, dass ein Busen gar nicht groß genug sein kann und Frauen, die älter als zwanzig aussehen, in die Mülltonne gehören. Aber das ist natürlich nicht die Realität. Doch man kann damit gute Geschäfte machen. Und natürlich bleiben auch manche Menschen dabei auf der Strecke, die sich gegen diesen Werbeterror nicht wehren können und diese Botschaften als ihre

Wahrheiten annehmen. Es gibt nicht zur Männer, die nach Bangkok fliegen, um billigen Sex mit jungen Mädchen zu haben, sondern auch Sextourismus älterer Damen nach Afrika oder Südamerika, wo sie gegen Bezahlung die Begleitung junger Lover genießen. Aber Frauen kämpfen in unserer Gesellschaft üblicherweise auf zwei völlig anderen Schlachtfeldern, was ihre Sexualität angeht. Der eine Gegner ist der Alltag. Viele Frauen haben keine oder nur sehr geringe Möglichkeiten, sich vernünftig mit ihrer Sexualität, ihrer Lust und ihren Bedürfnissen auseinanderzusetzen. Der Alltag zwischen Haushalt, Kindern, Arbeit und oft auch Geldnot und mangelnder Freizeit zerstört die Offenheit dieser Frauen. Der andere Gegner sind Männer, die mit der falschen Einstellung und Scheuklappen durchs Leben laufen und Frauen in *gut* und *schlecht* unterteilen. Die eigene Frau soll bestimmten Idealen entsprechen, die aber nicht zu Lüsternheit und offenem Sex passen, da stellen sich diese Männer nicht nur selbst ein Bein, sondern ihren Frauen gleich mit, die dadurch unterdrückt werden, während ihre Männer nur davon träumen, das mit ihren Frauen zu machen, was sie aus den erwähnten frei zugänglichen Pornos so kennen. Sie degradieren ihre Frauen oft zu Anti-Lustobjekten, was genauso falsch ist wie das Gegenteil. Die Wahrheit liegt wie immer irgendwo in der Mitte. Man sollte Mann und Frau zu nichts zwingen und ihnen nichts verbieten und dann den gemeinsam Nenner finden. Wenn es gar nicht passt, muss man sich halt trennen. Aber Ideen wie die, dass die Mutter der eigenen Kinder, die Ehefrau mit Vorzeigefunktion et cetera, nicht sexy, nicht lüstern sein kann und dergleichen, sind nicht hilfreich. Genauso wenig übrigens wie die Annahme, dass ein Mann, der spezielle sexuelle Wünsche hat, ein Perverser ist. Jedenfalls führen solche sinnlosen Tabuisierungen auch dazu, dass Bedürfnisse anderweitig befriedigt werden, außer Haus.«

Gibt es noch ein paar Fallbeispiele?

»Ich hatte bereits auf das Thema *Männer und Alter* hingewiesen. Ich erzähle Ihnen eine kleine Geschichte aus meiner Männerberatung: Ein älterer Herr bekam einen Enkel, wurde also stolzer Opa. Hier lag für ihn das Problem.: *Opa* Dieses Wort wollte er nicht hören. Das Wort bedeutete für ihn, dass er alt war, das ertrug er nicht. Er wollte, dass das Kind ihn *Zweiter Vater* nannte. Unglaublich, oder?«

Gibt es noch einen Rat, den Sie Frauen mit auf den Weg geben könnten?

»Nun, bedenken Sie, dass es zwei Arten von Männern gibt: Den *Muttertyp*, der mit Verstand, mit Berechnung heiratet, er sucht den Mutterersatz zum Hemden bügeln und will, dass ihn seine Frau pflegt und hegt. Große sexuelle Ansprüche stellt er keine, das ist für ihn eher eine Art Pflichtübung. Er hat gerne seine Ruhe. Hat er einen Garten, kennt er jede Blumensorte. Meine Damen: Mit dem Typ Mann können Sie alt werden oder verzweifeln. Wenn er krank wird, werden sie automatisch zur Krankenschwester. Sie erleben keine Kreuzfahrt mit ihm, aber vielleicht fährt er gerne mit Ihnen in die Berge. Abenteuer werden Sie keine erleben. Wenn Sie mehr vom Leben erwarten, dann sollten Sie eine solche Verbindung nicht eingehen. Den anderen nenne ich den *Draufgänger*: Hier ist das pure Leben angesagt, jeden Tag Action, Party, Einladungen, Kino oder notfalls Spaziergänge zur Eisdiele. Er liebt modische Kleidung, legt großen Wert auf sein Äußeres, verlangt das auch von seiner Frau. Er provoziert gerne. Andere Meinungen interessieren ihn nicht, er geht seinen Weg. Er liebt Abenteuer und Risiko, langweilige Menschen sind ihm ein Gräuel. Auch beruflich kann er zu Leichtsinn neigen, wechselt vom Schlosser zum Heilpraktiker oder macht ohne Vorkenntnisse ein Restaurant auf, weil er meint, das sei eine gute Idee. Klemmt es mal finanziell, dann gibt es eben eine Woche Nudeln mit Soße. Meine Damen: Mit ihm werden Sie auch alt, aber mit Lachfalten im Gesicht. Wenn Sie nicht vor dem Fernseher sterben möchten, sondern lieber noch im hohen Alter durch die Welt toben wollen, dann ist das genau die richtige Wahl. Also: Vorher überlegen, dann auswählen, dann klappt das auch mit der Beziehung.«

Na, das ist jetzt aber arg polarisiert.

»Eigentlich nicht. Es gibt die sichere Seite und die riskante. Langweilig und Spaß. Das sind meiner Meinung nach die beiden Haupttypen.«

Noch einen Rat vielleicht?

»Ein Rat an die Männer: Bei verbalen Auseinandersetzungen zwischen Ihrer Frau und Ihrer Mutter stellen Sie sich immer auf die

Seite Ihrer Frau, sonst bekommt Ihre Beziehung einen Riss. Die Rechnung ist einfach: Ihre Mutter wird Sie nicht verlassen, Ihre Frau vielleicht schon. Und bedenken Sie stets, mit wem Sie das Bett teilen und die Nacht verbringen. Es ist nun mal so: Keine Frau möchte ihren Mann mit einer anderen Frau teilen, auch wenn es seine Mutter ist. Sie fürchtet deren Einfluss in ihrer Ehe.«

Ich habe versucht, Licht ins Dunkel der Männerwelt zu bringen, ihre Einstellungen und Gefühle zu zeigen. Einige Gesprächspartner haben mir abgesagt.
An dieser Stelle sollte das Buch eigentlich enden, doch dann hatte ich noch eine Unterredung anlässlich eines Besuches aus Amerika. Dabei offenbarte sich mir Erschreckendes, das ich hier noch einfüge. Das Folgende soll als Warnung dienen, wie das Leben von Menschen zerstört werden kann. Frank ist 39 Jahre alt, ledig und Börsenmakler in New York:

Hallo. Wie ich hörte, wollen Sie ein Buch schreiben. Sie möchten etwas über meine Erfahrungen, Erlebnisse und das Leben als Mann in New York wissen? Über Beziehungen zwischen Mann und Frau im Big Apple? Tja, man sagt ja, New York sei die Single-Stadt. Tatsächlich ist es hier recht schwer, eine feste Beziehung zu bekommen, dafür kann man prima rumvögeln. Die Vereinsamung der Menschen ist aber ein großes Thema bei uns. Es belastet vor allem die Männer. Die tägliche Gewalt lässt die Menschen nicht zur Ruhe kommen, das Individuum geht in der Masse unter und man wird gleichgültig. Man fährt vielleicht durch die halbe Stadt, um jemanden kennenzulernen, kennt aber seine Nachbarn nicht. Arm und Reich sind oft nur einen Steinwurf voneinander entfernt.

Unser Land ist zerrissen, daran hat auch Trump bisher nichts geändert. Ich kenne natürlich nur die wohlhabende Seite, ich bin Börsenmakler. Die Menschen, die in Mülltonnen wühlen, sehe ich gar nicht mehr, die blende ich aus. Ich habe einen guten Job, aber … ich lebe eigentlich nicht. Ich verdiene gutes Geld, kenne Börsenkurse und Wirtschaftsfakten, aber ich lebe alleine, lebe mein Leben eigentlich im Schnelltempo, es rast an mir vorbei. Aber wenn ich das Tempo nicht halten kann, bin ich weg vom Fenster und der nächste, der in den Mülltonnen kramt. Ich bin mir nie so ganz sicher, wer nun eigentlich das schlechtere Los gezogen hat. Ich habe eine tolle Wohnung, aber ich bin nicht oft dort. Der Hauptunterschied zu den Typen an der Mülltone ist der, dass ich mein Imbissessen bezahle und es dafür heiß serviert bekomme. Die Alternative sind die kalten Reste aus der Mülltonne. Geschmacklich wird es kein großer Unterschied sein, behaupte ich mal.

Klinge ich frustriert und desillusioniert. Natürlich tue ich das. Ich bin New Yorker und werde nächste Woche 40. Das ist in New York so viel wie anderswo 60. Ich bin so gut wie tot. Und ich bin noch Single, meine Chancen gehen Richtung null. Ich werde wohl auf einen Katalog zurückgreifen müssen, aber leider kann ich kein Russisch und stehe nicht auf Vietnamesinnen. Aber wie finde ich sonst noch eine Frau? Ich habe ehrlich gesagt keine Ahnung.

Neulich stand einer auf dem Dach, wollte sein Leben beenden. Der war vermutlich in derselben Situation wie ich, er trug einen Anzug, hatte mein Alter, soweit ich das erkennen konnte. *Spring doch, spring doch*, riefen wir. Na ja, New York halt.

Warum gibt es so viel Scheidungen bei uns? Warum so viel Gewalt in Beziehungen? Ein Mann sieht keinen Ausweg mehr und unten stehen Menschen und fordern ihn auf, in den Tod zu springen. Dies ist eine verschissene, verrohte Welt. Man fliegt auf den Mond führt unsinnige Kriege, aber am Ende des Tages zählt nur, ob die Nicks gewonnen haben und wann das neue iPhone rauskommt. Während die Bilder irgendeiner Hungersnot über den Breitbandfernseher flimmern, überlegt man sich, ob man zum Italiener essen geht oder etwas Indisches kommen lässt. Verrückt. Und beschämend.

Ja, man könnte verrückt werden. Wir sind eine verlogene Gesellschaft und der Wert des einzelnen zählt einen Dreck. Menschen sind hier grundsätzlich käuflich. Jeder. Es ist nur eine Preisfrage. Wenn ich Ihnen meinen Preis nennen würde, wären Sie verblüfft … hoffe ich. Vielleicht sind Europäer ja teurer, oder? Frauen sind bei uns jedenfalls immer noch am billigsten.

Ja, New York … Auf der einen Seite haben wir

alle einen Hang zu Sex und Drogen, auf der anderen Seite ist es aber absolut verboten, weil wir so prüde sind. Also wir verbieten die Dinge, die wir eigentlich mögen und erlauben Dinge, die wir eigentlich fürchten. Wie Waffen. Käufliche Liebe ist verboten, käuflicher Tod ist erlaubt. Verständlich, dass wir Drogen brauchen, um damit klarzukommen. Unglaublich. Wir Amerikaner sprechen ständig von Moral und Anständigkeit, haben aber die größten Pornoindustrie der Welt. Wir haben mehr Abtreibungsgegner als perverse Serienmörder, aber die meisten Serienkiller der Welt. Klingt doch übel, oder?

Frauen haben bei uns viel Macht. Es gibt Frauenvereine, Frauenverbände, die großen Einfluss haben. Sie können Männer vernichten und Präsidentschaftswahlen beeinflussen. Sie sind in vielerlei Hinsicht zum Fürchten. Wenn sie im Morgenmantel und mit Lockenwicklern einkaufen gehen, ist das ein Anblick zum Fürchten. Du musst stets damit rechnen, dass dich eine anzeigt, egal wegen was. Würde mich nicht wundern, wenn mich eine anzeigt, weil ich bei ihrem Anblick im Morgenmantel zu entsetzt geguckt habe. Aber ich glaube, das ist gut, dass Frauen bei uns diese Rechte haben oder vielmehr die Möglichkeit, davon Gebrauch zu machen.

Aber es gibt so viele unzufriedene Frauen, monumental, fett, Zigarette im Mundwinkel, laut und aggressiv. Vom schwachen oder gar zarten Geschlecht möchte ich schon lange nicht mehr reden. Ein Freund sagte mir: *Ich suche mir eine Frau aus Europa. Unsere Frauen kannst du nicht heiraten. Die haben keine Ahnung von Männern und sind gruselig. Schon bei Kleinigkeiten gibt's Streit. Die wollen die Männer nicht lieben, sondern beherrschen.*

Männer sind hier wirklich oft Opfer. Frauen vernichten ohne Hemmungen berufliche Karrieren, zerstören Ehen und neigen auch zu Gewalt.

Na ja, aber unsere Männer sind auch nicht viel besser. Der Jugendwahn ist hier sehr ausgeprägt. Manche rennen mit einem angesteckten Zopf beim Marathon mit andere, kaufen sich ein Surfbrett – mit 65.

Ja, die Jugend ... schnell vorbei, aber dann gleich vermisst. Jeden Tag ist Laufen angesagt, damit man fit bleibt. 75-Jährige laufen in quietschbunten Klamotten rum, die eher zu Teenies passen. Jede Falte im Gesicht wird bekämpft. Dass es überhaupt Alterserscheinungen gibt, ist für viele ein Schock, mit 28 Jahren kommt es schon zum ersten Selbstmordversuch, weil die magische 30 vor der Tür steht.

In New York schaut man einer Frau nicht ins Gesicht, wenn man wissen will, wie alt sie ist, sondern auf die Hände. Die kann man mit OPs nicht verjüngen. Blöde Sache. Na ja, es gibt ja Handschuhe.

Bei uns lassen sich aber auch die Männer liften. Schönheitsoperationen gehören bei der Upperclass fast zum guten Ton. Hier laufen ein paar Leute rum, denen sieht man die 75 nicht an, aber wenn man einen Witz erzählt bleiben sie unbewegt oder gehen weg, damit ihnen die Nähte nicht platzen. Schon gut, alter Witz. Neulich habe ich Cher lachen sehen. Nein, war auch nur ein Witz.

Wir haben hier zum Glück nicht dieses Sonnenbräune-Ding wie in Kalifornien, das hätte mir noch gefehlt. Der Anblick alter Tattergreise, die ohne Zähne im Gesicht Hanteln stemmen und aussehen wie Schokoladenweihnachtsmänner ist mir persönlich ein Gräuel.

Wir lieben Drogen, aber wir hassen sie auch. Es ist schön, wenn man sich welche gönnen kann, aber es ist inakzeptabel, wenn man mit den Folgen von Drogenmissbrauch konfrontiert wird. Natürlich denken wir alle, dass uns das nicht betrifft, wir haben das ja im Griff und müssen nicht stehlen, um sie uns leisten zu können, aber dass das eine das andere bedingt, vergessen wir gerne. Das ist vielleicht so ein Mentalitätsding, unsere Ärzte sind da ja auch recht großzügig, deswegen haben wir dieses riesige Heroinproblem. Oder war es Morphium? Keine Ahnung, jedenfalls stehen alle auf Meth. In unserem Land sterben täglich Menschen durch Gewalt und Rauschgift. Bei uns sterben mehr Menschen durch Schusswaffen als in manchen Kriegsgebieten, das gibt einem schon zu denken.

Wer mal in richtige menschliche Abgründe blicken will, der braucht hierzulande übrigens nur mal ein Gefängnis besuchen. Aber der wahre Irrsinn lebt hinter verschlossenen Wohnungstüren. Neulich ist einer aus dem Fenster gesprungen, mit seiner Freundin. Von ihm blieb nur Matsch, aber seine Freundin war unversehrt – es war eine Gummipuppe.

Ich schließe mit dieser Erzählung und hoffe, dieses Buch kann Ihnen, werte Leserinnen, dabei helfen, Männer besser zu verstehen. Männer teilen sich nicht gerne mit, das ist das Problem, deshalb bedanke ich mich ganz besonders für die offenen Worte derjenigen, die sich hier geäußert haben.

Zeitfracht Medien GmbH
Ferdinand-Jühlke-Straße 7
99095 Erfurt, Deutschland
produktsicherheit@kolibri360.de